Für 1. Evie, 2. Gracie und 3. Elizabeth
C.F.

First published in Great Britain in 2013 by
Gullane Children's Books
185 Fleet Street, London, EC4A 2HS
www.gullanebooks.com

Veröffentlicht nach Vereinbarung mit Gullane Children's Books, 185 Fleet Street, London, EC4A 2HS

Die deutsche Ausgabe erscheint bei
Parragon Books Ltd, Chartist House, 15–17 Trim Street, Bath BA1 1HA, UK
Realisation der deutschen Ausgabe: trans texas publishing, Köln
Übersetzung und Satz: Ronit Jariv, Köln

ISBN 978-1-4723-0940-2
Printed in China

Charles Fuge

Zählspaß mit Tieren

Parragon

Bath • New York • Singapore • Hong Kong • Cologne • Delhi
Melbourne • Amsterdam • Johannesburg • Shenzhen

1 einsamer Dachs,

2 Wale, die bringen ...

3 freundliche Vögel,

die tanzen und singen.

4 glupschige Augen,

5 Fliegen im Wind,

6 Kaulquappen staunen,
wie schnell Frösche sind.

7 hungrige Vögel,

8 Würmer im Gras,

9 Hyänen haben ...

beim Zusehn viel Spaß.

10 scheue Fledermäuse,

11 ängstliche Ratten,

12 Erdmännchen nutzen sie frech als Strandmatten!

13 Ameisen haben ...

14 Motten angelockt.

15 Löcher sind im Tuch –

Mama Panda ist geschockt!

16 Spuren von Bigfoot,

17 vom Yeti noch dazu,

18 Streifenhörnchen werfen.
Lasst die Monster in Ruh!

19 weise alte Eulen,

20 ...

?

Gib gut Acht ...

20 bunte Dinosaurier ...

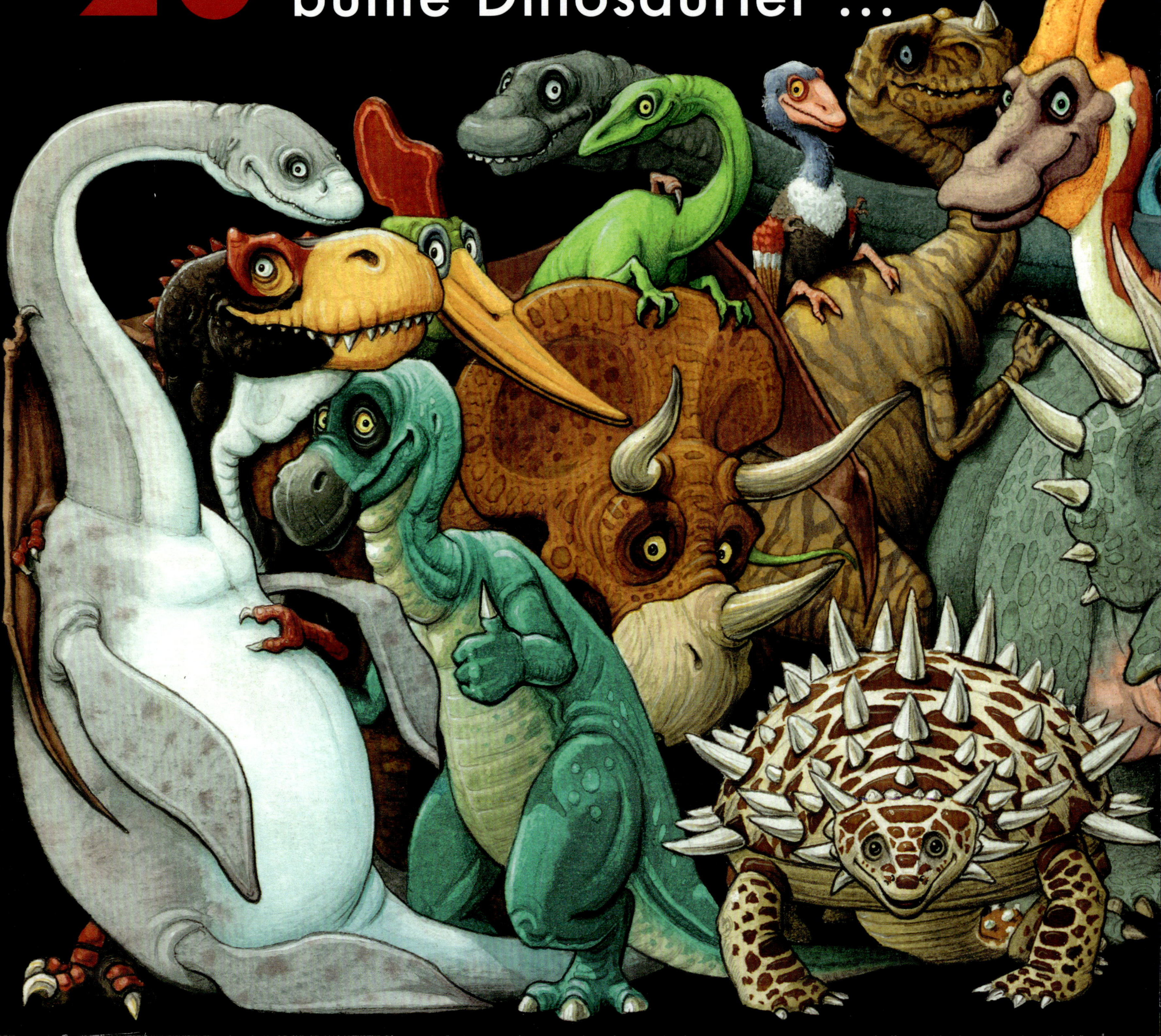

und die sagen
Gute Nacht!